Die jüdischen Gemeinden in Deutschland und die Bedrohung ihres Rechts auf Selbstbestimmung durch das Allgemeine Gleichbehandlungsgesetz (AGG)

Druck: Brandenburgische Universitätsdruckerei und
Verlagsgesellschaft Potsdam mbH

1. Auflage 2008
Printed in Germany
ISBN 978-3-938485-86-6

Die jüdischen Gemeinden in Deutschland und die Bedrohung ihres Rechts auf Selbstbestimmung durch das Allgemeine Gleichbehandlungsgesetz (AGG)

Klaus Adomeit und Albert Meyer

HENTRICH & HENTRICH

Umschlag vorn:

Gesetzestafeln mit den 10 Geboten
Ursprünglich Inventar der Wochentagssynagoge Rykestraße,
jetzt Besitz Centrum Judaicum
Foto: Stiftung Neue Synagoge Berlin –
Centrum Judaicum, Anna Fischer

Inhalt

Vorwort

Die Zusammenarbeit der beiden Autoren geht auf das Jahr 1976 zurück, als Klaus Adomeit als frisch berufener Professor an der FU die gut besuchte Vorlesung »Methodenlehre konkret« abhielt und Albert Meyer, sein früherer Hörer, nach dem ersten Staatsexamen und der Referendarzeit Interesse an einer möglichen Doktorarbeit zeigte.

Aufgrund der Aufbauarbeit für seine Anwalts- und Notariatskanzlei trat die Doktorarbeit vorerst zurück, bis er sich dann im Jahr 1998 entschloss, ein zweijähriges Studium an der Hochschule St. Gallen zu absolvieren, das er mit dem Master of International and European Business Law (M.B.L. HSG) abschloss. Über Probleme des europäischen Diskriminierungsschutzes stellte sich der Gesprächskontakt wieder her und als Klaus Adomeit seine kritischen Kommentare in der NJW (1998, 2091; 2002, 1622) veröffentlichte, wandte sich Albert Meyer mit seinem Grundlagenwissen aus dem Studium in St. Gallen an diesen und erarbeitete unter der Betreuung von Klaus Adomeit seine Dissertation, die mit dem Titel eines doctor oeconomiae belohnt wurde.

Das Wirken von Albert Meyer als Vorsitzender des Vorstandes der Jüdischen Gemeinde zu Berlin 2004, 2005 lenkte die Gespräche bereits auf Fragen der Autonomie von Religionsgemeinschaften. Als es zu einem Treffen mit dem damaligen Vizekanzler Franz Müntefering und nunmehr designierten Vorsitzenden der SPD während einer Sitzung des Zentralrats der Juden in Deutschland kam, dem Albert Meyer als Mitglied des neunköpfigen Präsidiums angehörte, musste dieser zu seiner Überraschung feststellen, dass seitens der Mitglieder des Zentralrats nur wenig Interesse an der Problematik des AGG bestand.

Franz Müntefering brachte in dieser Diskussion seine Skepsis über dieses Gesetz zum Ausdruck, indem er erklärte, dass eigentlich die Einhaltung des Grundgesetzes für alle Bürger ausreichen müsste und man keine zusätzlichen Gesetze benötigt. Dies veranlasste Albert Meyer, wieder mit Klaus Adomeit Gespräche zu führen über die Frage der Autonomie von Religionsgemeinschaften. Dieser hatte bereits in seinem Kommentar zum AGG (zusammen mit Jochen Mohr) im Einleitungsteil ernste Zweifel an der Weisheit des umfassenden Diskriminierungsschutzes angemeldet, worauf die Befürworter dieses Gesetzes keine Antworten gefunden haben.

Die religionsfeindliche Diakonieentscheidung aus Hamburg im Jahr 2007 lässt eine Fehlentwicklung befürchten, auf die mit dieser Schrift zu reagieren war. Einen Auftrag, von welcher Seite auch immer, haben wir nicht erhalten, aber wir hoffen darauf, mit vernünftigen Erwägungen auch die Hohen Priester und Schriftgelehrten der Antidiskriminierung mindestens nachdenklich zu stimmen.

Berlin im September 2008

Prof. Dr. Klaus Adomeit — Dr. Albert Meyer M.B.L.-HSG

I. Schwarze Wolken über der religiösen Autonomie

1. Europa und die Religionen

In einem Editorial der Neuen Juristischen Wochenschrift äußerte ein anerkannter Repräsentant der Evangelischen Kirche Deutschlands Anfang Mai 2008 seine Sorge[1], es könne den Kirchen in Europa erschwert sein, ihr geistiges und geistliches Erbe zu bewahren und die Achtung ihrer besonderen Rechtsstellung durchzusetzen.

> *»Die EU ist auf dem Weg, das kirchliche Selbstbestimmungsrecht durch primärrechtswidriges Europarecht zu erdrosseln.«*

Der EG-Vertrag wolle zwar in erster Linie seit der Fassung von Amsterdam (1997) Menschen vor Diskriminierung aus Gründen ihrer Religion schützen. Gleichzeitig verspreche aber das Vertragswerk, den Status zu achten und nicht zu beeinträchtigen, den Kirchen und Religionsgesellschaften

---

1 *H. Schliemann*, »Europa und der Heilige Geist«, NJW-Editorial Heft 19/2008; vgl. schon vorher *Schliemann*, Europa und das deutsche kirchliche Arbeitsrecht – Kooperation oder Konfrontation?, NZA 2003, 407; *ders.*, Festschrift Richardi 2007, 959.

nach dem Recht der Mitgliedstaaten haben. So laute nämlich die Erklärung Nr. 11 zum EG-Vertrag (Vertrag von Amsterdam v. 2.10.1997)[2]. Gemäß dieser Erklärung hätte die Gesetzgebung der EG (EU) jede Normierung vermeiden müssen, die diesen Status berühre –: »denn sonst würde er weder geachtet noch bliebe er unbeeinträchtigt«.

Entgegen dem EG-Vertrag sei aber die Richtlinie 2000/78/EG mit ihrer Kirchenklausel Art. 4 II eine solche Beeinträchtigung. Sie hebele »das deutsche kirchliche Selbstbestimmungsrecht aus, wie es in Art. 140 GG, 137 WRV[3] normiert ist und in der Rechtsprechung – nicht zuletzt des BVerfG! – seine Ausprägung gefunden hat.«

Danach hätte der deutsche Gesetzgeber den Standpunkt vertreten müssen, Art. 4 II der Richtlinie verstoße gegen die Erklärung Nr. 11. Es bedürfe angesichts des verfassungsrechtlich garantierten kirchlichen Selbstbestimmungsrechts überhaupt keiner weiteren Umsetzung der Richtlinie in nationales Recht. In der AGG-Kirchenklausel nach § 9 könne man einen Versuch sehen, das durch die Richtlinie torpedierte Selbstbestimmungsrecht der Kirchen doch noch (begrenzt) am Leben zu erhalten.

Eben dies sei auf das Missfallen der EU-Kommission gestoßen. Deswegen habe sie wegen unzureichender Umsetzung der Richtlinie das Vertragsverletzungsverfahren[4]

---

2 Sog. Religionserklärung, beruhend auf deutscher Initiative, FAZ v. 16.10.2000; dazu auch *Reichold*, NZA 2001, 1054; *Thüsing*, ZfA 2001, 397.

3 Vgl. *Gregor Thüsing*, Religion und Kirche in einem neuen Antidiskriminierungsrecht, JZ 2004, 172.

4 Zunächst wurde die Bundesregierung nach Art. 226 EG-V zur Stellungnahme aufgefordert, Schreiben der Kommission v. 31.1.2008, 2007/2362, vgl. auch die Antwort der Bundesregierung auf eine Anfrage der Fraktion der Linken v. 6.3.2008, BT-Drucks. 16/8461.

gegen die Bundesrepublik Deutschland eingeleitet und neben einer Reihe anderer Punkte gerügt, dass § 9 I AGG zu weit gefasst sei (insbesondere durch die Einbeziehung »des Selbstverständnisses der jeweiligen Religionsgemeinschaft« in die Bestimmung der »beruflichen Anforderung« für eine Tätigkeit).

Der Reform-Vertrag von Lissabon verlange von der Union nach § 17 III EUV, dass sie »mit den Kirchen in Anerkennung ihrer Identität und ihres besonderen Beitrags einen offenen, transparenten und regelmäßigen Dialog pflegt« – dies müsse alsbald positiv genutzt werden.

Schliemann, der hier zitierte Autor, denkt in erster Linie an die christlichen Kirchen und ihre humanitären Einrichtungen wie Caritas und Diakonie (mit insgesamt etwa 1,2 Mio. Mitarbeitern), aber seine Befürchtungen sind leider höchst aktuell für die Jüdischen Gemeinden in Deutschland, die aufgrund ihrer leidvollen Erfahrungen gegenüber Eingriffen von außen besonders wachsam sein müssen. Der kleinen, aber allmählich anwachsenden Zahl ihrer Mitglieder (2008: 107.000) ist über Jahrzehnte hinweg immer wieder beteuert worden, wie gut sie in der Bundesrepublik geschützt seien, zuletzt von Bundestagspräsident *Thierse* 2008 anlässlich der 60-Jahres-Feier zur Gründung des Staates Israel, und sie würden sich gern darauf verlassen.

2. Der Diakonie-Fall aus Hamburg

Die Entscheidung des ArbG Hamburg (Urteil v. 4.12.2007 – 20 Ca 105/07) ging durch die Presse, die »taz« z.B. brachte die folgende Meldung:

> *»Ein Gericht verurteilt die Diakonie Hamburg, einer Deutschtürkin 3.900 € Entschädigung zu zahlen, weil sie nicht zu einem Vorstellungsgespräch eingeladen wurde. Die kirchlichen Sozialwerke beharren darauf, Andersdenkende ablehnen zu dürfen.«*

Das Diakonische Werk Hamburg hatte für ein von der EU gefördertes Integrationsprojekt Mitarbeiter/innen gesucht, um die Möglichkeiten besserer Eingliederung von Zuwanderern in den Arbeitsmarkt zu untersuchen. Auf die Bewerbung der Muslima *Yesim F.* erhielt diese nach ihren Angaben einen Anruf von der Diakonie mit der Frage, ob sie sich den Eintritt (also genauer Übertritt) in die evangelische Kirche vorstellen könne, was sie verneint habe. Kurz darauf habe sie ihre Unterlagen als Ablehnung zurückerhalten und alsbald Klage erhoben. »Die Entscheidung überrascht uns«, soll *Wolfgang T.*, Vizedirektor des Diakonischen Werks, geäußert haben, »zur Sicherung unseres evangelischen Profils gehört die Kirchenmitgliedschaft der Mitarbeiterinnen und Mitarbeiter.« Auch bei der katholischen Caritas sei man der Auffassung, Andersgläubige bei Bewerbungen ablehnen zu dürfen.

Der Kommentator der »taz« *Wolf Schmidt* lässt seine Leser wissen, dass die Juristen sich bei Bewertung der »Kirchenklausel« des AGG uneins sind. Der Wissenschaftliche Dienst des Bundestages[5] komme in einem Gutachten zum Ergebnis, dass die Kirchen weiterhin selbst bestimmen dürfen, inwieweit ein Arbeitnehmer ihren jeweiligen Anforderungen genügt. Anders der »Bremer Kommentar«[6] zum AGG: nicht bei allen Tätigkeiten könne eine Konfessionszugehörigkeit verlangt werden. Nötig sei eine kirchliche Prägung des konkreten Projekts (und das sei nicht der Fall bei Ärzten und »Lehrenden in glaubensfernen Fächern«).

Der Diakonie-Fall, von dem noch zu hören[7] sein wird (die Entscheidung des ArbG Hamburg ist nicht rechtskräftig), hat die Besonderheit, dass für ein EU-gefördertes Projekt über die Integration von Migranten Mitarbeiter eingestellt werden sollten, bei denen daher die Andersgläubigkeit vielleicht von Nutzen hätte sein können. Gleichzeitig wird aber deutlich, wie sehr das Prinzip der Selbstbestimmung bedroht ist, wenn ein Außenstehender als Richter beurteilen soll, ob eine vorgesehene Stelle bei der Religionsgemeinschaft »glaubens- (bzw. verkündigungs-)nah« oder »-fern« ist. Dies setzt nämlich ein Verständnis des in Frage stehenden Glaubens (bzw. der Verkündung) voraus, ein keineswegs nur oberflächliches. Die Relevanz einer beruflichen Anforderung für den Glauben ist im Kern eine theologische Frage, und im heutigen Deutschland wird man bei einem großstädtischen Richter

---

5 Ausarbeitung vom 14.4.2005 über »Verfassungsrechtliche Beurteilung eines Kopftuchverbots für Schülerinnen an Öffentlichen Schulen«, wo der hier behandelte Problembereich nur indirekt angesprochen ist.

6 *Däubler/Bertzbach*, Handkommentar zum AGG, 1. Aufl. 2007, § 9 Rn. 52 (*Wedde*); ebenso *Monika Schlachter*, Erfurter Kommentar, 8. Aufl. 2008, § 9 AGG Rn. 3; a.A. *Richardi*, NZA 2008, 881 (885); vgl. *Bauer/Göpfert/Krieger*, AGG § 9 Rn. 13 (»erleichterter Prüfungsmaßstab«).

7 S. dazu *Jacob Joussen*, NZA 2008, 675: »Das Urteil des ArbG Hamburg ist weder methodisch noch inhaltlich haltbar«.

nördlich der Mainlinie in Bezug auf Glaubensdinge – welcher Konfession auch immer! – eher mit Unverständnis rechnen müssen. Es ist leider festzustellen, dass der vom ArbG Hamburg herangezogene »Bremer Kommentar« sich in der programmatischen Einleitung offen zu einer religionsfeindlichen Haltung bekennt[8]: »Wenn Europa eine (post-nationale) Identität ausbildet, dann besitzt diese keine Hautfarbe, keine Tempel und Gotteshäuser…«[8a], es liegt eine Verpflichtung auf Atheismus schon nicht mehr fern. Die Religionsgemeinschaften haben guten Grund, darauf zu bestehen, dass zu ihrem Recht auf Selbstbestimmung auch die Interpretationshoheit über den eigenen Glauben und die Auswirkungen dieses Glaubens auf ihre interne Personalpolitik gehört.

Auch zeigt der Diakonie-Fall die besondere Verletzlichkeit einer religiös geprägten Einrichtung durch eine – leicht inszenierbare! – Pressekampagne. Die fest etablierte Großorganisation der Diakonie wird eine öffentliche Kritik leicht aushalten, aber bei jeder der jüdischen Gemeinden wäre immer noch und immer wieder zu befürchten, dass solche Kritik in antisemitische Feindhaltungen ausartet oder solche entstehen lässt. Die Gewährung voller interner Autonomie gehört also auch zum notwendigen Außenschutz dieser Gemeinden, die sich nur dann auf eine Diskussion über zu rechtfertigende Personalentscheidungen gar nicht erst einlassen müssen.

---

8 Däubler/Bertzbach, AGG Einl. 226 (Blanke/Graue).

8a Gemeint ist: keine vorherrschende weiße Hautfarbe, kaum noch christliche Kirchengebäude. Ein Vordringen von Moscheen stört offenbar nicht. Es ist beunruhigend, wie bedenkenlos das Europarecht zur Enteuropäisierung unseres Kontinents eingesetzt wird.

3. Das Personalwesen bei den Jüdischen Gemeinden

Das Personalwesen der Jüdischen Gemeinden in Deutschland verfügt ca. über 1.000 Mitarbeiter, wobei hier gesondert noch die Lehrer und Erzieher der Schulen und Kindergärten hinzu zu rechnen sind.

Bedauerlicher Weise verfügen wenige Gemeinden in Deutschland über ein ordnungsgemäßes Organigramm, dass für Außenstehende die Struktur der Verwaltung der Gemeinde nachvollziehen lässt.

Nicht-jüdische Mitarbeiter der Gemeinden, mit Ausnahme der Großgemeinden Berlin, Frankfurt, Düsseldorf, München, dürften überwiegend sein. Im Zentralrat der Juden in Deutschland gibt es 60 Prozent nicht-jüdischer Mitarbeiter. In Berlin ist das Verhältnis aufgrund der politischen Entscheidungen des Vorstandes anders. Hier war wegen der enormen Zuwanderung aus den ehemaligen GUS-Staaten seitens des Vorstandes der Versuch unternommen worden, offene Stellen mit Zuwanderern zu besetzen, was teilweise zu gravierenden Störungen des administrativen Ablaufs geführt hat, da zum Einen die Qualifikationen der neuen Mitarbeiter nicht immer optimal waren und ferner am Anfang auch noch ein Sprachproblem bestand.

Das Sprachproblem der Mitarbeiter in der Jüdischen Gemeinde dürfte zwischenzeitlich nicht mehr existent sein, hinsichtlich der Qualifikation und der Tatsache, dass Mitarbeiter der Gemeinde sozusagen eine Dienstleistung zu erbringen haben, besteht noch erheblicher Verbesserungsbedarf.

Interessanter Weise ist jedoch im Bereich der nicht-jüdischen Mitarbeiter spezifisch in Berlin eine Tendenz des Konvertierens erkennbar, insbesondere im Bereich des Kultus. Hier entwickelt sich unter Umständen langfristig eine unglückliche Situation, dass konvertierte Kultusbeamte der Gemeinde sozusagen der Jüdischen Jugend, die Jüdische Religion aus christlicher Perspektive vermitteln.

Aufgrund der jedoch nunmehr seit mehr als 4 Jahren vorhandenen Möglichkeiten einer religiösen Ausbildung (Geiger Kolleg, Chabad Lubawitsch, Lauder Stiftung) in Berlin dürfte dies nur über einen kurzen Zeitfaktor eine Gefährdung darstellen.

Grundsätzlich ist davon auszugehen, dass in den Jüdischen Gemeinden bei Stellenausschreibungen, da die Gemeinden ja ein Tendenzbetrieb sind, der Jüdische Bewerber bevorzugt wird, vorbehaltlich, dass er zumindest annähernd über gleichwertige Qualifikationen verfügt.

Obwohl die Religionszugehörigkeit natürlich ein wichtiges Entscheidungskriterium im Zusammenhang mit einer etwaigen Anstellung in einer der Gemeinden von Bedeutung ist, fallen die Entscheidungen primär qualifikationsorientiert aus, und bei erheblich höherer Qualifikation fällt die Entscheidung eindeutig zugunsten des nicht-jüdischen Bewerbers.

Qualifikationsunterschiede dürften insoweit nur marginal sein, um die Religionszugehörigkeit als Entscheidungskriterium abschließend zu würdigen.

Es ist insoweit auch darauf hinzuweisen, dass die Jüdischen Gemeinden bemüht sind, Ihre Mitarbeiter selbst nach Einstellung weiter zu qualifizieren und demgemäß etwaige Defizite, die bei der Anstellung von Zuwanderern aus der ehemaligen Sowjetunion vorhanden waren, kurzfristig auszugleichen, um die gleiche Leistungsfähigkeit zu erreichen, die ein anderer etwaiger Bewerber hätte anbieten können.

Antidiskriminierungsfälle bzw. Rechtsstreitigkeiten auf Grund des Gleichbehandlungsgesetzes sind gegenwärtig noch nicht bekannt.

II. Der rechtliche Schutz der Religionszugehörigkeit vor Diskriminierung

1. Vorbild: Art. 3 III GG: niemand benachteiligt, niemand bevorzugt

Zur verfassungsrechtlichen Etablierung des Gleichheitssatzes gehörte schon bei Schaffung des Grundgesetzes (1949) neben der gesicherten Gleichheit aller Menschen vor dem Gesetz (Art. 3 I), speziell der Geschlechtergleichheit (Art. 3 II), auch der Schutz vor Benachteiligung aufgrund (»wegen«) bestimmter Merkmale, die typischerweise die Gefahr von Diskriminierung auslösen: Geschlecht, Abstammung, Rasse, Sprache, Heimat und Herkunft, Glauben, religiöse und politische Anschauungen. Dieser grundrechtliche Schutz richtete sich nach ursprünglichem Verständnis nur gegen den Staat und dessen Organe. Damit konnte ein Konflikt mit der Autonomie von Religionsgesellschaften zunächst nicht entstehen. Der Schutz von »Glauben« oder von »religiösen Anschauungen« war eher eine Verstärkung des Religionsschutzes aus Art. 140 GG.[9]

---

9 *Manfred Gubelt* in: von Münch/Kunig, GG, 4. Aufl. 1992, Art. 3 Rn. 101.

Eine neue Lehre über die »Drittwirkung der Grundrechte«, begründet von *Nipperdey*[10] aus Anlass eines Gutachtens über Lohngleichheit für Frauen, konnte sich in der damaligen Diskussion noch nicht durchsetzen, scheiterte insbesondere am Widerspruch des Staatsrechtslehrers *Dürig*[11]: »Staatliches Reglement eines egalitären Verhaltens Privater wäre das Ende der Freiheit«[12]. Danach dürfte etwa ein »Privatunternehmer, wenn er sich solchen Luxus wirtschaftlich leisten kann, seine Zulieferer nach konfessionellen Gesichtspunkten aussuchen« – heute zweifelhaft nach § 2 I Nr. 8 AGG (»Versorgung mit Gütern und Dienstleistungen«). Auch war in den frühen Jahren der Bundesrepublik bekannt, dass ein Textil-Filialunternehmen, im Mehrheitsbesitz einer streng katholischen Familie, bei Einstellungen auf entsprechende Konfessionszugehörigkeit achtete, was als Erscheinungsform der Privatautonomie hingenommen wurde. Jedenfalls ist nicht zu sehen, dass aus Art. 3 III irgendeine Beeinträchtigung für das Selbstbestimmungsrecht der Kirchen, insbesondere ihrer Personalhoheit entstanden wäre[13].

Die Beschränkung der Pflicht aus Art. 3 III GG auf den Staat ergibt auch einen Sinn, weil nur dieser für viele Berufe das Monopol oder eine beherrschende Stellung hat, die sich zur Ausgrenzung und Unterdrückung ganzer Teile der Bevölkerung missbrauchen lässt. Die jüdischen Mitbürger unter dem vom Antisemitismus beherrschten Nazi-Staat mussten damit schon gleich ab 1933 furchtbare Erfahrungen

10 RdA 1950, 125.

11 *Maunz/Dürig*, Kommentar zum GG, Art. 3 I Rn. 505 ff.

12 *Günter Dürig*, Grundrechte und Zivilrechtsprechung, Festschrift Nawiasky 1956 S. 157.

13 Vgl. auch *Adomeit/Mohr*, Kommentar zum AGG Einl. Rn. 110 ff.

machen[14], gesteigert durch erste umfassende Terrormaßnahmen im Vollzug der »Nürnberger Gesetze« 1935. Dagegen sind personelle Bevorzugungen und Benachteiligungen durch private Arbeitgeber hinnehmbar, weil es immer zahllose alternative Angebote gibt. Im Großen und Ganzen ordnet die »unsichtbare Hand« des Marktes (*Adam Smith*) auch hier die Interessen und Bedürfnisse bisher zu relativer weitgehender Zufriedenheit.

2. Entwicklung des Europarechts bis zum Amsterdamer Vertrag 1997

Ansatzpunkt für eine Einwirkung des Gleichheitsprinzips bei der Einstellung von Beschäftigten war die Gleichberechtigung der Frauen. Schon der ursprüngliche EWG-Vertrag von 1956 statuierte in Art. 119 (später: Art. 141) das Prinzip des »gleichen Entgelts für Männer und Frauen bei gleicher Arbeit«. Diese Regel war gemäß den im Vordergrund stehenden wirtschaftlichen Erwägungen eher wettbewerbspolitisch als sozialpolitisch gedacht[15]. Erst Mitte der 70er Jahre setzte sich der Rat auch ein sozialpolitisches Aktionsprogramm[16], erließ die Entgelt-Richtlinie 75/117/EWG und die – weitaus wichtigere – Zugangsrichtlinie 76/207/EWG v. 9.2.1976 (heute beide aufgegangen in Richtlinie

---

14 Vgl. *Saul Friedländer*, Das Dritte Reich und die Juden, Bd. I, S. 22 ff., S. 162 ff., 1998. Friedländer wählt als bezeichnendes Motto seines Buches einen Ausspruch des Nazi-Gewaltigen Hermann Göring: »Ich möchte kein Jude in Deutschland sein« (1938).

15 *Adomeit/Mohr*, Kommentar zum AGG Einl. Rn. 133.

16 Entschließung v. 21.1.1974, ABl. EG Nr. C 13 v. 12.2.1974.

2006/54/EG). Die Umsetzung ins deutsche Recht erfolgte durch das »Gesetz über die Gleichbehandlung von Männern und Frauen am Arbeitsplatz... (Arbeitsrechtliches EG-Anpassungsgesetz)« v. 13.8.1980[17], insbesondere durch den neuen § 611a BGB.

Der damit verbundene tiefe Einschnitt in die Vertragsfreiheit für Unternehmer und private Organisationen, speziell in die Freiheit der Auswahl künftiger Mitarbeiter, wurde von der deutschen Gesetzgebung und Rechtsprechung nur zögernd akzeptiert. Die Jahre 1980–2006 (zuletzt: Inkrafttreten des AGG, Außerkrafttreten der §§ 611a ff. BGB) sind geprägt durch eine Kette von Entscheidungen des EuGH, in denen ein Zurückbleiben der deutschen Gesetze und der BAG-Rechtsprechung hinter dem erreichten Stand des Europarechts gerügt wurde, mit der Folge dadurch notwendig gemachter entsprechender Anpassungen.

> *»Der deutsche Gesetzgeber und unser höchstes nationales Fachgericht hatten zu lernen, dass sie einen Staat mit nur noch eingeschränkter Souveränität vertraten, und der EuGH teilte solche Lektionen nicht gerade zartfühlend aus, gab sich noch nicht einmal den Anschein, Dogmatik und Systemzusammenhang der von seinen Erkenntnissen betroffenen Rechtsordnungen zu berücksichtigen.«*[18]

---

17 Vgl. *Richardi/Annuß*, Staudinger, § 611 a BGB (1999).

18 *Adomeit/Mohr*, Komm. AGG, Einl. Rn. 196; vgl. insofern die Kritik von *Roman Herzog/Lüder Gerken*, Welt am Sonntag 14.1.2007 S. 10, ebenso der Präsident des BVerfG *Hans-Jürgen Papier* zur EU und zum Subsidiaritätsprinzip: »Das muss sich ändern«, FAZ 24.7.2007 S. 5.

Mit der näher geregelten und somit eingeschränkten Vertragsfreiheit für Arbeitsverhältnisse hatte der europäische Gesetzgeber bei zunächst sehr fraglicher Kompetenz seinen Aktionsbereich stark ausgeweitet, und es lag nahe, das Gleichbehandlungsprinzip in diesem Sinne noch weitergehend zu nutzen.

> *»Wohl keine andere Rechtsfigur hat in der Geschichte der EU einen solchen Siegeszug erfahren wie das Diskriminierungsverbot.«*[19]

Dem Amsterdamer Vertrag der EU-Mitgliedstaaten konnte man den programmatischen Titel geben: »Grundrechtsgemeinschaft als Integrationsziel«[20]. Die »Gleichstellung von Männern und Frauen« wird schon in Art. 2 bei den Aufgaben der Gemeinschaft genannt, als zu förderndes Ziel mit universellem Anwendungsbereich, gemäß der »gender-mainstreaming«-Philosophie[21]. Der Schutz vor Diskriminierung gehört jetzt ausdrücklich zum möglichen Aufgabenbereich des Rats[22]. Der Rat kann auf Vorschlag der Kommission und nach Anhörung des Parlaments »im Rahmen der durch den Vertrag auf die Gemeinschaft übertragenen Zuständigkei-

---

19 *Thomas Blanke*, Dynamik und Konturen des europäischen Sozialmodells, NZA 2006, 1304.

20 *Armin v. Bogdandy*, JZ 2001, 157 ff.

21 *Lena Foljanty/Ulrike Lembke*, Feministische Rechtswissenschaft, 2006, bes. S. 44 ff. (*Annegret Künzel*).

22 Vgl. *Richardi*, ZfA 2008, 31 (45): es handele sich hier nicht um eine Ermächtigungsgrundlage (Kompetenz), nur um Zweckbestimmung für die Wahrnehmung der auf dem Prinzip der Einzelermächtigung beruhenden Zuständigkeiten.

ten« bei Wahrung des Einstimmigkeitsprinzips

> *»…geeignete Vorkehrungen treffen, um Diskriminierungen aus Gründen des Geschlechts, der Rasse, der ethnischen Herkunft, der Religion oder der Weltanschauung, einer Behinderung, des Alters oder der sexuellen Ausrichtung zu bekämpfen (Art. 13)«.*

3. Bedenken gegen den Schutz der »Rasse«, jeder Weltanschauung, der anderweitigen Religionszugehörigkeit

Die Ausweitung des *Schutzes gegen Diskriminierung* durch die Richtlinien des Jahres 2000 erscheint von den Interessen einer jüdischen Gemeinde her gesehen zwiespältig. Positiv ist natürlich der zusätzliche Schutz einzelner Mitglieder in ihrer Religionszugehörigkeit gegen Benachteiligung oder Zurücksetzung von außen her, als Verstärkung des schon im deutschen Recht unter der Herrschaft des Grundgesetzes gegebenen Schutzes im Strafrecht und Zivilrecht. Zu diesem Kernbereich der Antidiskriminierung herrschte in der Bundesrepublik erfreulicherweise die allgemeine Übereinstimmung, dass man im historischen Bewusstsein des mit dem Holokaust geschehenen Menschheitsverbrechens jedes eventuelle Wiederaufleben antisemitischer Tendenzen entschlossen zu bekämpfen habe.

Auf der anderen Seite war es ein Schock, dem unheilvollen Begriff der »Rasse« in neuester Gesetzgebung wieder zu begegnen, auch wenn dies aus besten Absichten geschah.

Man wurde auf schmerzhafte Weise an die schauderhaften »Nürnberger Gesetze« von 1935[23] (verkündet auf einem bombastischen »Reichsparteitag«) erinnert. In Erwägung 6 zur Richtlinie 2000/43 distanziert sich der europäische Gesetzgeber von allen Rassentheorien. In der amtlichen Begründung zum AGG muss noch einmal klargestellt werden (BT-Drucks. 16/1780 S. 31), dass keineswegs ein Vorhandensein verschiedenartiger menschlicher Rassen unterstellt, sondern ein auf Wahnideen beruhendes, rassistisches Verhalten bekämpft werde. Damit läuft aber die Personalleitung einer jüdischen Gemeinde Gefahr, bei der Ablehnung eines nicht-jüdischen Bewerbers (einer Bewerberin) auf eine ausgeschriebene Stelle mit dem hier besonders empörenden Vorwurf des Rassismus konfrontiert zu werden. Die Formulierung »aus Gründen der Rasse« in § 1 AGG ist misslungen[24], es hätte etwa »aus rassistischen Motiven« heißen müssen[25] oder unter Bezug auf eine »vorgebliche Rasse« (Belgien)[26].

Unbehagen macht auch die unbeschränkte Aufnahme von »Weltanschauung« in die geschützten Merkmale. Bei den zivilrechtlichen Regeln hatte der Rechtsausschuss des Bundestages die Gefahr gesehen, dass Anhänger rechtsradikalen Gedankenguts versuchen könnten, sich »Zugang zu Geschäften zu verschaffen«. Den Zugang zu Stellen sollen sie sich etwa verschaffen dürfen? Die Strafvorschrift des § 130 StGB gegen »Volksverhetzung«, durch die auch jede

23 Vgl. *Hans-Ulrich Thamer*, Verführung und Gewalt, Deutschland 1933-1945, Siedler Deutsche Geschichte, 1986 S. 384 ff.

24 *Däubler/Bertzbach*, AGG § 1 Rn. 23.

25 Vgl. *Thüsing*, Sonderbeilage Heft 22/2004 S. 9.

26 Vgl. *Adomeit/Mohr*, Komm. AGG § 1 Rn. 27.

Ableugnung oder Verharmlosung des Holokaust zum strafbaren Verhalten wird, muss auch alle in diese Richtung tendierenden »Weltanschauungen« und deren Vertreter vom Schutz des AGG ausschließen.

Bedenken erheben sich aber auch gegen das Merkmal »Religion«. Schon eine bloße Möglichkeit, die Ablehnung eines nicht der jüdischen Glaubensgemeinschaft zugehörigen Bewerbers[26a] durch eine konkrete jüdische Gemeinde als Diskriminierung (Benachteiligung) »wegen der Religion« zu sehen und daraufhin juristisch zu überprüfen, ist höchst problematisch. Schutz der individuellen Religionszugehörigkeit (oder Nicht-Zugehörigkeit) und Schutz der Selbstbestimmung einer Religionsgemeinschaft treten hier auseinander, werden gegeneinander gesetzt. Es müsste bei aller Hochschätzung des Toleranzgedankens als natürliches Bestreben einer jeden Glaubensgemeinschaft hinzunehmen sein, dass diese den eigenen Zugehörigen besondere Sympathie entgegenbringt und ihnen auch praktisch entgegenkommt, eine Zusammenarbeit mit ihnen vorzieht. Diese Mitarbeiter wiederum erhalten größte Sicherheit und die einzige Gewähr, im Arbeitsleben keinen antisemitischen Anfeindungen begegnen zu müssen, wenn sie bei der eigenen Gemeinde angestellt sind. Auch in der Philosophie des *Moses Mendelssohn*[27] oder – um ein leuchtendes Beispiel aus unserer Lite-

---

26a Für die Annahme einer Diskriminierung sind nach der neuesten Rechtsprechung des EuGH Ausschreibung einer Stelle und Bewerbung noch nicht einmal erforderlich, es genügt eine ausgrenzende Bemerkung des Arbeitgebers oder vielleicht schon die Einstellungspraxis, EuGH vom 10.7.2008 – C 54/07.

27 Vgl. *Hermann Simon*, Moses Mendelssohn – Gesetzestreuer Jude und deutscher Aufklärer, Jüdische Minaturen 2003.

ratur der Aufklärung zu bringen! – bei *Nathan dem Weisen*[28] lässt sich Verständnis für solche Bevorzugung auffinden, die man auch Solidarität oder Pflege der Zusammengehörigkeit nennen kann. Nur dadurch erklärt sich für *Thomas Mann* (der selbst nicht jüdischen Ursprungs war, anders aber seine Frau *Katja* geb. *Pringsheim*) das historische Überleben des jüdischen Stammes bei der jahrtausende alten Geschichte immer erneuter Bedrohungen und Verfolgungen.

Es ist keineswegs richtig – auch wenn man dies des Öfteren hören muss! – dass in der jüdischen Tradition die Ablehnung oder Abweisung von Fremden oder gar pure Xenophobie gepflegt worden sei. Hier sind Missverständnisse aufgetreten, die mit der mosaischen Verheißung des »auserwählten Volkes« verknüpft sind, aber den theologischen Sinn dieser Verheißung nicht begreifen, ihr einen oberflächlichen weltlich-politischen Sinn beilegen.

Der *Talmud* stellt in Auslegung des Vierten Gebotes klar, dass die Heiligkeit des Sabbats auch den *Fremden* – »Fremdling« nach der Übersetzung *Martin Luthers* – umfasst[29].

> »*Für die ganze Gemeinde sei ein und dasselbe Gesetz, für euch und für den Fremden, der bei euch weilt, ein ewiges Gesetz für alle Geschlechter; vor dem Ewigen sei der Fremde euch gleich.*« (2. Buch Moses, Kap. 20, im Talmudkommentar S. 41)

Die europäische Gesetzgebung zur Egalität und Antidiskriminierung hat keinen anderen so frühen Ursprung als diese altjüdische

---

28 Drama von *Gotthold Ephraim Lessing* 1779.

29 Der Babylonische Talmud, hrg. v. *Lazarus Goldschmidt*, …, …; vgl. Die Tora – in jüdischer Auslegung, hrg. v. *W. Gunther Plaut*, aus der amerikanischen Originalausgabe von *Annette Böckler*, 2000, Bd. II S. 218 ff.

Lehre. Damit bleibt aber das Problem des unwillkommenen Fremden ungelöst, der nicht »bei der Gemeinde weilt«, und mit dessen Stamm vielleicht kriegerische Auseinandersetzungen stattfanden (wie damals mit den Streitern des Amalek).

Dem europäischen wie dem nationalen (deutschen) Gesetzgeber war bewusst, dass bei glaubensgeprägten Überzeugungsgemeinschaften die naive Verpflichtung auf Egalität nicht durchführbar ist. Dies zeigen die speziell eingefügten Religionsklauseln (die gegenüber einem Rassismus-Vorwurf nur per Analogie greifen!), aber es war wohl nicht genügend bedacht, wie sehr schon ein juristisches Verfahren zur Überprüfung einer negativen Einstellungsentscheidung – womöglich durch drei Instanzen geführt und von Pressekritik begleitet! – zum empfindlichen Übel für eine Religionsgemeinde anwachsen kann. In welchem Zahlenverhältnis die der eigenen Religion zugehörigen und die externen Mitarbeiter zueinander stehen sollen, muss die eigene Personalpolitik bestimmen dürfen. Eine fremdbestimmte Einstellungspraxis trägt schon den Keim später aufbrechender Konflikte in sich. Wenn ein sich bewerbender Außenseiter seine Erwartungen nicht erfüllt sieht, wird dies auch dessen Arbeitsleistung beeinträchtigen (die Zusammenarbeit), aber eine Kündigung von Seiten des Arbeitgebers wäre schon wieder diskriminierungsverdächtig, und § 2 IV AGG, wonach Kündigungen ausschließlich nach deutschem Kündigungsschutzrecht zu überprüfen sind, ist europarechtlich sehr zweifelhaft[30]. Hier zeigt sich, wie sehr jede Einschränkung

30 Vgl. *Bauer/Göpfert/Krieger*, § 2 AGG Rn. 70.

der Personalhoheit ernsthafte Störungen der Religionsfreiheit nach sich ziehen kann.

Fühere Bestrebungen der deutschen christlichen Kirchen, die Stellung der Religionsgemeinschaften als solcher im Vertragswerk zu verankern, waren damals in der Vorbereitung von Amsterdam ohne Erfolg geblieben. Es soll Bundeskanzler Kohl gewesen sein, der wenigstens die Aufnahme der kirchenfreundlichen Erklärung Nr. 11 in die Schlussakte durchsetzen konnte[31]. Danach

> »*...achtet die Europäische Union den Status, den Kirchen und religiöse Vereinigungen oder Gemeinschaften in den Mitgliedsstaaten nach deren Rechtsvorschriften genießen, und beeinträchtigt ihn nicht...*«.

Die rechtliche Bedeutung dieser Erklärung war nach völkerrechtlichen Maßstäben umstritten, einige Autoren verneinten die strenge Verbindlichkeit (»soft law«), sahen gar nur die Funktion als Auslegungshilfe[32]. Immerhin müsste jedoch ein Verstoß gegen das die Kirchen schützende Achtungsgebot als Selbstwiderspruch des Gesetzgebers gekennzeichnet werden. Das Vertragswerk von Lissabon (jetzt im Stadium der Ratifikationsverfahren, erschwert durch das irische »Nein«) hat in Art. 17 (Amtsbl. 2008 C 115/55) eine volle Kirchenschutzklausel aufgenommen, die dem Wortlaut der Religionserklärung entspricht. Damit hat sozusagen

---

31 Vgl. *Markus Heintzen*, Festschrift für *Joseph Listl*, 1999 S. 29; *Reichold*, Europa und das deutsche kirchliche Arbeitsrecht, NZA 2001, 1054; *Schliemann*, NZA 2003, 410.

32 Vgl. *Helmut Lecheler*, Festschrift für *Leisner*, 1999, S. 39 (47); *Geiger*, EUV/EGV, 3. Aufl. 2000 Anh. 1071.

die Gretchen-Frage (an Faust: »Wie hast du's mit der Religion?« Zeile 3415) doch noch eine Antwort gefunden, eine positive[33].

4. Die Richtlinie 2000/78/EG v. 27.11.2000 und die Religionsgemeinschaften

Die Schaffung eines »allgemeinen Rahmens für die Verwirklichung der Gleichbehandlung in Beschäftigung und Beruf« ist Ziel dieser Richtlinie, es geht – da Geschlecht (1976/207) und Rasse/ethnische Herkunft (2000/43) schon geschützt waren – um die Merkmale Religion (oder Weltanschauung), Behinderung, Alter, sexuelle Ausrichtung (Art. 1 I). Eine Differenzierung durch nationale Gesetzgebung beim Zugang zur Beschäftigung ist auch hier grundsätzlich nur zulässig gemäß der Generalklausel

> *»... wenn das betreffende Merkmal aufgrund der Art einer bestimmten beruflichen Tätigkeit oder der Bedingungen ihrer Ausübung eine wesentliche und entscheidende berufliche Anforderung darstellt, sofern es sich um einen rechtmäßigen Zweck und eine angemessene Anforderung handelt«* (Art. 4 I).

Dieser sehr enge Zulassungsgrund kann den besonderen Interessen der Religionsgemeinschaften nicht genügen, was auch Erwägung Nr. 24 zur Richtlinie unter Hinweis auf die

33 Vgl. *Streinz*, Europarecht, 5. Aufl. 2001, Rn. 348 u. 420; *Borchardt*, Die rechtlichen Grundlagen der Europäischen Union, 2. Aufl. 2002 Rn. 160.

Erklärung Nr. 11 der Schlussakte zum Vertragswerk anerkennt und demgemäß den Mitgliedstaaten erlaubt, spezifische Bestimmungen beizubehalten oder vorzusehen

> *»...über die wesentlichen, rechtmäßigen und gerechtfertigten beruflichen Anforderungen, die Voraussetzung für die Ausübung einer diesbezüglichen beruflichen Tätigkeit sein können«.*

Daraus ist in Richtlinie 2000/78 die langwierige »Kirchenklausel« des Art. 4 II geworden. In der Gewundenheit des Textes wird deutlich, wie schwer es den Gesetzesverfassern fällt, an ihrer ideologischen Ausgangsposition auch nur durch minimale Zugeständnisse zu rütteln:

> *»Die Mitgliedstaaten können in Bezug auf berufliche Tätigkeiten innerhalb von Kirchen und anderen öffentlichen oder privaten Organisationen, deren Ethos auf religiösen Grundsätzen oder Weltanschauungen beruht, Bestimmungen in ihren zum Zeitpunkt der Annahme dieser Richtlinie geltenden Rechtsvorschriften beibehalten oder in künftigen Rechtsvorschriften vorsehen, die zum Zeitpunkt der Annahme dieser Richtlinie bestehende einzelstaatliche Gepflogenheiten widerspiegeln und wonach eine Ungleichbehandlung wegen der Religion oder Weltanschauung einer Person keine Diskriminierung darstellt, wenn die Religion oder die Weltanschauung dieser Person nach der Art dieser Tätigkeit oder der Umstände ihrer Ausübung eine wesentliche, rechtmäßige und gerechtfertigte berufliche Anforderung angesichts des Ethos der Organisation darstellt.« (...)*

In diesen lang ausgesponnenen Vorbehalten zeigt sich die neueroberte »laicité« als eine auf Neutralität bedachte kirchenpolitische Einstellung des europäischen Gesetzgebers, der in Religionsgemeinschaften eher Auslaufmodelle sieht, ihnen jedenfalls eine für die Zukunft ansteigende Bedeutung verwehrt, die über »Gepflogenheiten« des Jahres 2000 hinausgehen könnte. Schon in der französischen Revolution 1789 wurden alle Religionen abgeschafft, stattdessen eine »Göttin der Vernunft« als allein zu verehrende Hoheit eingesetzt. In diese ungute Tradition stellt sich der europäische Gesetzgeber. Es wird sorgfältig vermieden, »Europa« im Sinne des christlichen Abendlandes zu verstehen, womit auch von den im Judentum liegenden Wurzeln nicht die Rede sein darf. Wenn die Religionsgemeinschaften so wenig Schutz verdienen, ist eigentlich nicht plausibel, weshalb individuelle Religionszugehörigkeit im Antidiskriminierungsrecht so stark geschützt wird, dies muss in erster Linie dem aufgrund seiner historischen Verspätung heute noch auf Expansion ausgerichteten Islam zugute kommen. Das »Ethos der Organisation«, erst während des Gesetzgebungsverfahrens durch den Einsatz Irlands für eine weitgehende Exemtion der Kirchen akzeptiert[34], geht sehr wohl in Richtung auf eine Anerkennung der kirchlichen Selbstbestimmung, tritt aber in ein gewisses Spannungsverhältnis zum objektivierenden Maßstab der »beruflichen Anforderung«. Mehr als ein Tendenzschutz, so meint *Schliemann*[35], werde hier wohl nicht geboten. *Hanau* und *Thüsing* fragen:

> *»Gibt es einen kirchlichen Dienst, der nicht durch das religiöse Ethos geprägt ist?«*

34 *Hanau/Thüsing* a.a.O. S. 31.
35 NZA 2003, 411.

Darüber, so das Ergebnis der Autoren Hanau/Thüsing, können nur die Kirchen selbst entscheiden. »Was religiöses Ethos ist, kann nur die Religion sagen, nicht der Staat«. Es sei ein wesentliches Element des kirchlichen Dienstes, dass die verschiedenen Aktivitäten einheitlich nebeneinander stünden, Caritas und Diakonie seien genauso zentral wie Verkündung und Lehre (S. 34). Die Kirchenklausel der Richtlinie 2000/78 sei als umfassende Freistellung des kirchlichen Dienstes und der Auswahl aller Bediensteten zu verstehen, wenn diese Richtlinie nicht selber in Konflikt zum höherrangigen Europarecht (Art. 9 EMRK) geraten solle. Im Übrigen sei es nach dem BVerfG[36] für jeden Bereich kirchlichen Dienstes grundsätzlich den verfassten Kirchen überlassen, verbindlich zu bestimmen, was »die Glaubwürdigkeit der Kirche und ihrer Verkündung erfordert«, was »spezifisch kircheneigene Aufgaben« sind, was »Nähe« zu ihnen bedeutet. Damit sind wichtige und richtige Einsichten gewonnen, und es muss auf ihnen beharrt werden.

36 v. 4.6.1985, BVerfGE 70, 138, 168.

5. Die »Kirchenklausel« im AGG als Anerkennung religiöser Autonomie

§ 9 AGG erlaubt den Religionsgemeinschaften und ihren Einrichtungen die Differenzierung nach Religionszugehörigkeit,

> *»...wenn eine bestimmte Religion... unter Beachtung des Selbstverständnisses der jeweiligen Religionsgemeinschaft... im Hinblick auf ihr Selbstbestimmungsrecht oder nach der Art der Tätigkeit eine gerechtfertigte berufliche Anforderung darstellt.«*

Die hier erfolgte Umsetzung hat aufgrund vertieften Nachdenkens einen deutlich ausgeprägten kirchenfreundlichen Akzent bekommen. Zwischen »Ethos« (Richtlinie) und »Selbstverständnis« (AGG) der religiösen Organisation wird kein Unterschied liegen, wohl aber in der Verknüpfung der beruflichen Anforderung mit dem Selbstbestimmungsrecht. Es wird nicht, wie in § 8, verlangt, dass die berufliche Anforderung für die jeweilige Tätigkeit »wesentlich und entscheidend« ist, also gilt ein »erleichterter Prüfungsmaßstab«[37]. Die bestimmte Religionszugehörigkeit eines Bediensteten kann nach Art der Tätigkeit eine gerechtfertigte berufliche Anforderung sein, aber dies kann sich auch schon durch das Selbstbestimmungsrecht so ergeben oder festgelegt werden. Dies ist kein objektiver Maßstab, es gelten die besonderen Wertvorstellungen und Maßstäbe der jeweiligen Religionsgemeinschaft. Bestimmt nicht hinnehmbar ist der Satz aus dem Hamburger Diakonie-Urteil: »Das Selbstver-

37 *Bauer/Göpfert/Krieger*, AGG, 2. Aufl. 2008, § 9 Rn. 13.

ständnis der Beklagten als Einrichtung der Evangelischen Kirche ist richtlinienkonform auszulegen« (S. 8) – vielmehr wird mit solcher richterlichen Selbstermächtigung die Bedrohung der Autonomie nur allzu deutlich.

Einige Autoren, repräsentativ *Bauer/Göpfert/Krieger*, sehen trotzdem Grenzen. Der Schutz sei umso intensiver, je mehr der Kernbereich der Religionsgemeinschaft, d.h. ihr Verkündungsauftrag betroffen sei, der »verkündungsnahe Bereich«, so nicht bei »der Putzfrau« (a.a.O. Rn. 15).

Diese früher zum Arbeitsrecht entwickelte Unterscheidung erscheint aber beim hier behandelten Thema der Einstellungshoheit jüdischer Gemeinden nicht genügend durchdacht, es wird wichtigen Besonderheiten nicht Rechnung getragen. Bei einer »Küchenkraft«[38] muss die Leitung der Gemeinde auf Kenntnis der althergebrachten Reinheitsgebote bestehen. Thomas Mann hatte im »Zauberberg« (1924) den Unterschied eines nach den mosaischen Gesetzen tätigen »schochet« gegenüber einem nicht-jüdischen Schlachter beschrieben, der erstere übe ein Priesteramt aus, der andere sei Handwerker. Für Angestellte in der Buchhaltung oder in der sonstigen Administration wären Gesichtspunkte des Geheimnisschutzes und besonderer Loyalitätspflichten zu beachten. Durchschlagend sind vor allem Sicherheitsanforderungen, die auch bei eher technischen Beschäftigungen (Pförtner, Hausmeister) Bewerber aus dem Islam-Bereich, etwa gar fundamentalistischer Art, unakzeptabel erscheinen ließen. Das AGG hat hier leider die eigentümliche Dynamik religiöser Konflikte, die gerade in unserem 21. Jahrhundert besonders heftig aufgebrochen

38 *Martin Kock*, MDR 2006, 1088, 1090.

sind und fast schon den Charakter von Religionskriegen angenommen haben, völlig übersehen oder ignoriert, was eine sinnvolle Auslegung nicht hinnehmen darf. Die Beachtung des Themas »Innere Sicherheit und präventive Terrorismusbekämpfung«[39] gehört zu den elementaren Pflichten der Personalleitungen in der Verwaltung jüdischer Gemeinden. Außerdem ist es nicht zumutbar, mit Angehörigen einer anderen Religionsgesellschaft Arbeitsverhältnisse eingehen zu müssen, aus der immer wieder herabsetzende, feindlich gestimmte und bedrohliche Äußerungen erfolgen. Erst eine Einzelfallprüfung kann hier die volle Unbedenklichkeit ergeben.

6. Die verfehlte Rüge ungenügender Umsetzung der Richtlinie durch die Kommission

Nach Auffassung der Kommission ist Deutschland seinen Verpflichtungen zur Umsetzung der Richtlinie 2000/78 nicht in vollem Umfang nachgekommen, insbesondere nicht im Vergleich der Religionsklausel aus Art. 4 II Richtlinie mit § 9 I AGG. Dies erscheint bei rein formaler Betrachtung hinsichtlich der Einbeziehung des Selbstbestimmungsrechts auch immerhin vertretbar. Es heißt in dieser Rüge (S. 5 unten):

39 Vgl. die gleichnamige Doktor-Dissertation von *Stefan Middel*, betreut von Philipp Kunig, 2007, literarisch behandelt von *John Updike*, Der Terrorist, dt. 2007

»Es würde dazu führen, dass eine Religionsgemeinschaft eine bestimmte berufliche Anforderung [sprich: die Religionszugehörigkeit!] allein aufgrund ihres Selbstbestimmungsrechts festlegen könnte, ohne dass diese bestimmte Anforderung in Bezug auf die konkrete Tätigkeit auch einer Verhältnismäßigkeitsprüfung [?] unterworfen wäre.«

Sieht man davon ab, dass der Hinweis auf eine mögliche Überprüfung der »Verhältnismäßigkeit« juristisch ungenau ist, so findet sich allerdings in § 9 I AGG eine deutlichere, wenn nicht schon vollständige Anerkennung des kirchlichen Selbstbestimmungsrechts, verglichen mit der Vorgabe aus der Richtlinie. Es fragt sich nur, ob eine solche Konzession nicht verfassungsrechtlich geboten war, weil der deutsche Gesetzgeber die Bindung an Art. 140 GG beachten musste (unten zu III 2) und/oder weil Europäisches Verfassungsrecht einer bloßen Richtlinie Grenzen setzt (unten zu III 3).

Nicht zutreffend ist dagegen der Vorwurf, Art. 4 II Richtlinie habe verlangt, das betreffende Merkmal müsse »eine wesentliche und entscheidende berufliche Anforderung« darstellen. An der zitierten Stelle heißt es: »eine wesentliche, rechtmäßige und gerechtfertigte berufliche Anforderung«, was wohl eine schwächere Formulierung bedeutet und die interpretative Einwirkung aus dem »Ethos der Organisation« zulässt. Hinsichtlich dieses Abschnitts der Rügeschrift haben sich die Mitarbeiter der Kommission in ihren eigenen Texten verirrt.

Es ist höchst bedauerlich, dass im Umkreis der EU-Legislative immer noch nicht erkannt ist, dass man mit dem Eingriff in die Personalpolitik gefährdeter Religionsgemeinschaften ein zu großes, historisch belastetes und konfliktträchtiges Thema angegangen ist, mit dem sich auch die Integrationspolitik wie auch das Bestreben zur Förderung der Menschenrechte in Widersprüche verwickelt, weil etwa ein weiteres Vordringen des Islam – in seiner fundamentalistischen Ausgestaltung – in das Abendland manchen soeben erreichten Fortschritt gefährdet – die Frauenemanzipation! – und dass der »Clash of Civilisations« (*Huntington* 1996) leider keineswegs ein Phantasma ist. Ehe man unbegrenzte Konzessionen gewährt und großzügig Liberalitäten festschreibt, hätte sehr wohl die Frage der Gegenseitigkeit (Reziprozität) untersucht werden müssen: Gewähren sie uns eigentlich, was wir ihnen jetzt gewähren? Werden nicht in Deutschland schon Freiheitsrechte gewährt, deren Durchsetzung in einem Land wie der Türkei allenfalls ein Versprechen für die Zukunft ist; gewähren wir diesen Bürgern nicht sogar bei uns Rechte, die in deren eigenem Land gegen gesetzliche Gebote verstoßen, und öffnen die Tür zum Fundamentalismus und dem damit verbundenen Terrorismus?

III. Verfassungsrechtliche Garantie des Rechts der Religionsgemeinschaften auf Selbstbestimmung

1. Verfassungsrechtliche Grenzen für die Abwehr von Diskriminierungen im AGG aus der besonderen Schutzbedürftigkeit jüdischer Gemeinden

a) Vernachlässigung von Unternehmerinteressen

Das AGG wollte sich in die moderne Entwicklung des Verfassungsrechts in Europa seit der Aufklärungsepoche stellen[40], ist jedoch nicht der Kritik entgangen, in einzelnen Aspekten Verfassungsprinzipien verletzt zu haben. Die Erstreckung des Benachteiligungsverbots aus Art. 3 III vom staatlichen Dienstherrn auf private Unternehmer und Organisationen und demgemäß eine allgemeine Kontrolle der Personalauswahl machte die Frage nach dem Grundrechtsschutz nicht-staatlicher Dienstherren unabweisbar. Es wird das natürliche Bestreben eines jeden Arbeitgebers oder Personalchefs sein, Mitarbeiter zu gewinnen, mit denen er sich eine ersprießliche Zusammenarbeit verspricht, wobei

40 Vgl. Amtliche Begründung BT-Drucks. 16/1780 S. 18; *Adomeit/Mohr* a.a.O. Einl. Rn. 1 ff.

die sachlichen und persönlichen Voraussetzungen niemals erschöpfend definierbar sind, auch Sympathiewerte eine Rolle spielen. Dazu gehört auch, ausgeprägt bei anspruchsvollen Betätigungen, ein Grundkonsens über Bewertungen und Einschätzungen, etwa politischer und weltanschaulicher Art. Eine gründlich bedachte Einstellungsentscheidung liegt auch im Interesse der Bewerber, wenn denn eine langfristige vertrauensvolle Zusammenarbeit erstrebt wird. Auch der normale Bewerber wählt aus, welchem Unternehmen oder welcher Dienststelle er seine Unterlagen zusendet und wem nicht, auch hier gibt es die natürliche Bevorzugung und Benachteiligung. Die Philosophie der Diskriminierungsabwehr hat nicht bedacht, dass im liberalen Wirtschaftssystem ein Arbeitsmarkt besteht, mit Wettbewerb von beiden Seiten, mit Fluktuation in Permanenz, in der weder Ab- noch Zusagen das letzte Wort darstellen müssen. Der Denkwelt des Öffentlichen Dienstes, der das gesamte Europarecht entstammt, ist so viel ungeordnete Beweglichkeit fremd.

Das Recht von Unternehmern auf freie Personalauswahl ist, freilich unter Vorbehalt, auch verfassungsrechtlich geschützt, nach dem GG als Ausprägung des Persönlichkeitsrechts, europarechtlich in der Grundrechte-Charta Art. 16: Schutz der unternehmerischen Freiheit (»the freedom to conduct a business«).

Die Vernachlässigung des Grundrechtsschutzes bei Unternehmern oder Organisationen ist noch kritischer zu sehen, wenn diese durch Merkmale geprägt sind, deren Schutz gerade das Ziel der Gleichbehandlungsrichtlinien und des AGG ist. Hier sind gedankliche Schwächen des ganzen angeblich zum Schutz der Menschenrechte unentbehrlichen Antidiskriminierungsrechts aufzuzeigen. Auch der einstellende Arbeitgeber ist Mensch (oder eine Organisation von Menschen) und kann Menschenrechte einfordern. Ein chinesisches Restaurant will den Gästen auch chinesische Bedienung bieten, ein türkischstämmiger Unternehmer zieht seine Landsleute vor, die feministische Inhaberin einer Frauenbuchhandlung lässt sich keinen männlichen Verkäufer aufdrängen, entsprechendes gilt für den Vorsitzenden eines Homosexuellen-Verbandes, der lieber mit einem Sekretär zusammenarbeitet. Das Erfordernis eines angemessenen Tendenzschutzes bei parteipolitischen Einrichtungen und bei engagierten Medien hat das AGG übersehen. Keineswegs geht es nur um den Schutz von Arbeitnehmern. Es ist daran zu erinnern, dass die erste im großen Stil vollzogene antisemitische Diskriminierungsaktion der Nazis 1933 jüdische *Unternehmer* betraf, durch die infame Boykott-Aufforderung »Deutsche wehrt euch! Kauft nicht bei Juden!«, durchgesetzt von drohend vor den Ladengeschäften aufmarschierten SA-Wachen und toleriert von der Majorität der Bevölkerung und von der nicht jüdischen Unternehmerkonkurrenz wohlwollend betrachtet unter dem Propagandabegriff der »deutschen Volksgemeinschaft«.

Auf einem freien Arbeitsmarkt entstehen in Betrieben und Einrichtungen unzählige Personalzusammensetzungen bunt durchmischter Art, multikulturell u.ä., aber bisher erstreckte sich die Freiheit auch auf die Bildung *homogener* Strukturen, und warum eigentlich nicht! Die Diversität liegt dann nicht in den Mitarbeitern des Einzelbetriebes, wohl aber im Nebeneinander vieltausendfach bestehender und zusammenwirkender Einzelbetriebe. Weshalb das Bestreben auf unliebsam bekannte »Gleichschaltung«! Eine Auswahlfreiheit für Vertragsverhältnisse, »bei denen ein besonderes

Nähe- oder Vertrauensverhältnis der Parteien oder ihrer Angehörigen begründet wird«, erkennt das AGG nur für zivilrechtliche Schuldverhältnisse an (§ 19 V), obwohl gerade für Dienst- und Arbeitsverhältnisse die vertrauensvolle Zusammenarbeit essentiell wichtig ist. Die Konzeption des Anti-Diskriminierungsrechts beruht auf dem Mangel, diesen Problembereich vernachlässigt und nicht genügend durchdacht zu haben.

b) Speziell: Jüdische Gemeinden als Arbeitgeber

Der Schutz der Religionszugehörigkeit eines Bewerbers auf einen Arbeitsplatz nach §§ 1, 6, 7 AGG und der Schutz einer Religionsgemeinschaft unter Wahrung ihres Selbstverständnisses und Achtung ihrer Personalhoheit nach § 9 AGG gehen zusammen, haben einen gemeinsamen Kern und passen zum Bild eines auf Toleranz verpflichteten, die Religionsfreiheit achtenden Staates. Stellt die Religionsgemeinschaft eine Minderheit von Gläubigen innerhalb des Staates dar, so wäre das Bestreben der Personalleitung, möglichst viele Arbeitsplätze für Glaubensbrüder frei zu halten, gut verständlich, man denke im historischen Vergleich an das Urchristentum. Wenn Muslime sich beklagen, bei der christlichen Diakonie nicht angenommen zu werden, so lässt sich die Frage aufwerfen, wann und wie islamische Glaubensgemeinschaften daran gehen, ihrerseits karitative Einrichtungen aufzubauen und inwieweit sie hier bereit sind, Christen oder Juden zu beschäftigen bzw. auch andere Personen als nur Muslime zu betreuen. Man vergleiche damit die in Berlin besonders anerkannten Einrichtungen des jüdischen Krankenhauses und der jüdischen Altersheime, die für christliche Bürger auf deren Wunsch hin offen stehen und genutzt werden.

Welche Probleme durch unkontrollierte Toleranz bei Betreuungseinrichtungen islamischer Ausrichtung entstehen oder entstehen können, hat soeben im Mai 2008 das Berliner Landesjugendamt erfahren (Tagesspiegel 11.6.2008 S. 9), das den *Betrieb einer Kindertagesstätte* durch den Verein »Morgenland« im Stadtteil Wedding genehmigt hatte. Der bis noch vor kurzem amtierende Vorsitzende dieses Vereins, ein 24-jähriger Deutschtürke namens *Sinan W.*, gab Anlass zu Befürchtungen, einen islamischen Fundamentalismus zu vertreten. Er hatte noch bis zum Jahre 2004 im Internet Texte mit volksverhetzenden, aggressiv antisemitischen Inhalten veröffentlicht. In einem »Gedicht« aus dem Jahre 2003 soll gestanden haben: »Hüte unsere Schwestern, hüte unsere Brüder, denn Juden töten sie viel lieber!« Der Verfassungsschutz veranlasste die Abschaltung der Internetseiten.

Sinan W. soll der islamistischen Partei *»Hizb-ut-Tahrir«* nahe stehen, die in Deutschland seit 2003 verboten ist. Diese Gruppierung tritt für einen Gottesstaat ein, den sie mit Gewalt errichten will, und fordert vehement die Zerstörung Israels.

Aus der Fülle von Informationen über heutige Erscheinungsformen des kriegerischen Islam – Papst Benedikt XVI.[40a] hat dies auf historische Ursprünge zurückgeführt! – lässt sich der Eindruck gewinnen, wir befinden uns schon in einer neuen Epoche eines einseitigen Religionskrieges. (vgl. auch DIE ZEIT Nr. 28/2008 über pakistanische Koran-

40a Vgl. *Robert Spaemann*, Gott, rette die Vernunft! Die Regensburger Vorlesung des Papstes in der philosophischen Diskussion, 2008.

schulen: »Sie lesen den Koran, sie lernen, den Westen zu verachten und den Heiligen Krieg gegen die Ungläubigen zu führen«.)

Nach dem Aufkommen öffentlicher Kritik am Verein »Morgenland« wurde in schnellem Wechsel (in einer Privatwohnung) ein neuer Vorsitzender gewählt, ein 52-jähriger Verwandter von Sinan W., gegen den formal nichts vorlag, sodann der Antrag auf Genehmigung der Kita erneuert. »Es gab keine Möglichkeit, die Erlaubnis zu verweigern, da alle formalen Kriterien erfüllt waren«, äußerte sich nicht sehr problembewusst der Sprecher unserer Senatsverwaltung für Bildung; die Genehmigung sei nur an Auflagen gebunden worden. Laut Info-Radio war das Personal für diese Kita über eine Annonce auf der Internet-Seite der Neuköllner Al-Nur-Moschee gesucht worden, die auch als Treffpunkt von Anhängern gewaltbereiter islamistischer Gruppierungen gilt.

Der krasse aber keineswegs untypische Sachverhalt macht deutlich, dass im scheinbar menschenfreundlichen Umkreis einer Glaubensgemeinschaft auch gefährliche Kräfte am Werk sein können, denen gegenüber man sich schützen muss, und zwar die jüdischen Gemeinden mehr noch als andere Religionsgemeinschaften, auf Gedeih oder Verderb. Die Philosophie der Antidiskriminierung steht dem Phänomen solcher Konfliktlagen allzu harmlos und naiv gegenüber, setzt in unzulässiger Weise die bereits erreichte allgemeine Verbrüderung und Friedensliebe voraus und versäumt so, unentbehrliche juristische Vorkehrungen zu treffen[41].

---

41 In polemischer Form richtet sich der Publizist *Hendryk M. Broder* gegen solche Vertrauensseligkeit, etwa in seinem Bestseller »Hurra, wir kapitulieren!« von 2006, vgl. FOCUS Nr. 27/2008 S. 104. Nach seiner Einschätzung haben wir es mit einer geplanten Offensive zu tun.

Demgegenüber hat der Präsident des Bundeskriminalamtes *Jörg Ziercke* in einer öffentlichen Anhörung vor dem Innenausschuss des Bundestages davor gewarnt, die ständig genau zu beachtende Vorsicht außer Acht zu lassen (Tagesspiegel 18.6.2008 S. 2). Die jüdischen Gemeinden in Deutschland seien ständiger Gefahr ausgesetzt. Pro Tag registriere die Polizei im Durchschnitt vier antisemitische Straftaten, zum Teil als gewaltsame Attacken (etwa fünf im Monat). Im vergangenen Jahr 2007 seien in 30 Fällen jüdische Friedhöfe geschändet worden. Der Rechtsextremismus agiere wieder »in einer erstaunlichen Offenheit und Aggressivität«, sagte der Direktor des Moses-Mendelssohn-Zentrums für europäisch-jüdische Studien an der Universität Potsdam, *Prof. Dr. Julius H. Schoeps*. Bei muslimischen Jugendlichen in Berlin nähmen judenfeindliche Einstellungen zu, so *Aycan Demirel* von der »Kreuzberger Initiative gegen Antisemitismus«. Das Recht auf Selbstverteidigung wird bestimmt zu den Menschenrechten gehören.

Die Toleranz gegenüber denen, die nicht einmal davor zurückschrecken, ungeachtet der eindeutigen Strafvorschrift des § 130 StGB zur Zerstörung Israels und zum Tod seines Staatspräsidenten aufzurufen, ist eine Fehlentwicklung des Humanismus.

Es fehlt offenbar der deutschen und europäischen Gesetzgebung zum notwendigen Schutz von Religionsgesellschaften in Konfliktfällen Problembewusstsein, wobei nur der Richtlinie 2000/43 zugute gehalten werden muss, dass sie *vor* dem einschneidenden Ereignis des Terroranschlages vom *11.9.2001* in New York vorbereitet und erlassen wurde. In den *Niederlanden* hat sich danach und nach dem sadistischen Mord an dem islamkritischen Publizisten *Theo van*

Gogh (2004) die vordem betont multikulturell ausgerichtete Anschauung radikal geändert (FAZ 17. 6. 2008 S. 46). »Der Islamismus wird in der Bevölkerung, in den Medien und von einigen Politikern als elementare Bedrohung gesehen, die Gesetze wurden verschärft«. Dies hat Folgen für die methodengerechte Auslegung des AGG, weil der »Wille des Gesetzes« objektiv, nach dem Anwendungszeitpunkt zu ermitteln ist[42], somit zwischenzeitliche Veränderungen auch zu neuer Interpretation führen.

2. Bedeutung von Art. 140 GG (Art. 137 WRV) für das Recht auf Selbstbestimmung

Der in das Grundgesetz inkorporierte Artikel 137 der Weimarer Verfassung gewährleistet die Freiheit der Vereinigung zu Religionsgesellschaften und deren Selbstbestimmungsrecht.

> *»Jede Religionsgesellschaft ordnet und verwaltet ihre Angelegenheiten selbständig innerhalb der Schranken des für alle geltenden Gesetzes.«* (Abs. 3)

Dies ist ein guter und klarer Satz, die Zuordnung eines Freiheitsbereiches. Aus dem Zusammenhang von den nebeneinander stehenden, vom GG einbezogenen Art. 136 und 137 WRV ergibt sich, wie eng die individuelle und die kollektive Religionsfreiheit sachlich zusammengehören (vgl. auch Art. 9 III GG zur Koalitionsfreiheit). Die Selbständigkeit der

42 *Karl Larenz/Claus-Wilhelm Canaris*, Methodenlehre der Rechtswissenschaft, 3. Aufl. 1995 S. 149 ff.

Religionsgesellschaften wirkt sich auch dann aus, wenn sie ihr jeweiliges Personalwesen in der Rechtsform staatlichen Arbeitsrechts gestalten. Das staatliche Recht darf die verfassungsrechtlich geschützte Eigenart des kirchlichen Dienstes, das kirchliche »proprium« nicht in Frage stellen. Dies ist tragender Grundsatz unserer deutschen staatskirchenrechtlichen Ordnung.

Das BVerfG hat die maßgebende Entscheidung dazu am 4.6.1985 getroffen[43], über die Entlassung eines Assistenzarztes aus der »Krankenpflegeanstalt der Barmherzigen Schwestern von der Hl. Elisabeth« zu Essen nach Äußerung kirchenkritischer Ansichten zum Abtreibungsparagraphen 218 StGB in der Presse. Das BAG musste sich vom BVerfG den Vorwurf gefallen lassen, die Besonderheit des Kirchlichen Dienstes verkannt zu haben. Es müsse den Kirchen und ihren Einrichtungen gestattet sein, ihrer Personalpolitik das Leitbild der »christlichen Dienstgemeinschaft« zugrundezulegen.

Dieses eindeutige Bekenntnis unseres Verfassungsgerichts zur religiösen Autonomie mit den daraus folgenden Rechtssätzen muss für die jüdischen Gemeinden, die auch aktuell unter schwerster Bedrohung stehen (vgl. schon äußerlich die unvermeidlichen Vorkehrungen zur Terrorabwehr vor den Gemeindehäusern), in verstärkter Weise gelten. Wenn weder in Art. 137 WRV noch in Art. 140 GG *ausdrücklich* von der Personalhoheit der Religionsgesellschaften die Rede ist, so erklärt sich dies allein daraus, dass

43 BVerfGE 70, 138, besonders 165; dazu *Hollerbach*, in Isensee/Kirchhof, Handbuch des Staatsrechts, Bd. VI: Freiheitsrechte, 2. Aufl. 2001, § 139 Rn. 44.

weder 1918/19 noch 1949 eine Beschränkung der privatrechtlichen Vertragsfreiheit in der Auswahl des Vertragspartners juristisch auch nur vorstellbar war[44]. Der historische Wille des jeweiligen Verfassungsgebers hätte mit Sicherheit die volle organisatorische Autonomie umfasst und garantiert, insofern können auch die »einzelstaatlichen Gepflogenheiten« aus Art. 4 II der Richtlinie 2000/78/EG zur Auslegung des deutschen Transfergesetzes beitragen. Der Gedanke des Schutzes gegen Diskriminierungen hat im europäischen Recht seit 1976 einige Dynamik entfaltet, aber er kann nicht so weit getrieben werden, dass einer jüdischen Gemeinde die Zurücksetzung ihrer eigenen Glaubensangehörigen angesonnen wird.

Es ist schon schwer erträglich, dass die deutsche Gesetzgebung aufgrund der europäischen Richtlinien die Privatautonomie massiv eingeschränkt hat.[44a] Hierfür darf es keinen Spielraum geben, der gegen die Religionsgemeinschaften gerichtet ist.

3. Deutsches und Europäisches Verfassungsrecht zum Schutz der Autonomie für Religionsgesellschaften in ihrer Einwirkung auf das AGG

Die Grundrechte-Charta der Union mit Art. 10 (Schutz der Religionsfreiheit) und die Aufnahme der Religionserklärung Nr. 11 zum Amsterdamer Vertrag in das Vertragswerk von

---

44 Vgl. *Adomeit*, Festschrift H. P. Westermann, 2007 S. 1.

44a Vgl. Doktor-Dissertation von *Albert Meyer*, betreut von *Prof. Dr. Klaus Adomeit*, Schutz gegen Diskriminierung, die Pflicht zur Gleichbehandlung im Privatrecht, 2007, S. 231.

Lissabon (Art. 17) sichern ab, dass der im deutschen Verfassungsrecht erreichte Standard des Schutzes für Religionsgesellschaften auch europaverfassungsrechtlich anerkannt ist. Daher ist auch sozusagen vorbeugend einer Weiterführung von expansiven Auslegungstendenzen beim EuGH[45] entgegenzutreten, der bisher sehr einseitig nationale Gesetzgebung auf richtliniengetreue Umsetzung sowie nationale Rechtsprechung auf richtlinienkonforme Auslegung verpflichtete, ohne vorher die einschlägige Richtlinie verfassungsrechtlich überprüft zu haben, auch ohne zu bedenken, ob der nationale Gesetzgeber unter dem Zwang zur Treue gegenüber der eigenen Verfassung gestanden hatte. Eine solche ausufernde Entscheidungspraxis »pro communitate« – in Wahrheit pro domo! – ist über lange Jahre hinweg unkritisch hingenommen worden, spätestens seit den aufrufartigen Worten von *Roman Herzog* aus dem Jahre 2007[46], sowie schon seit der vielfache Proteste auslösenden Fehlentscheidung in der Sache *Mangold*[47] muss der EuGH auf fachlich-sachlichen Widerspruch gefasst sein.

> *»Die staatliche Gesamtkompetenz des großen Europa beruht auf nichts anderem als auf nationalen Kompetenzübertragungen, für Deutschland gestaltet in Art. 23*

---

45 Vgl. *Adomeit/Mohr*, Komm. AGG Einl. Rn. 266 ff.

46 Zeitungsaufsatz mit *Lüder Gerken*, Welt am Sonntag 14.1.2007.

47 EuGH v. 22.11.2005, NZA 2005, 1345; *Bauer/Arnold*, NJW 2006, 6 ff.; *Reichold*, Diskriminierungsschutz und Verfassungsrecht, ZfA 2006, 257; *Karl Riesenhuber*, »Mangold« verabschiedet, Festschrift *Adomeit* 2008 S. 631; *Roth/Hilpold*, der EuGH und die Souveränität der Mitgliedsstaaten 2008.

GG, in nachgelieferter (1992) Anerkennung supranationaler politischer Gebilde. Die Staaten, die im Ursprung allein die Souveräne sind, können aber nicht mehr Recht übertragen als sie selbst besitzen: nemo plus iuris transferre potest quam ipse habet«[48].

Das gegenwärtige Vertragswerk von Lissabon beruht auf dem Scheitern des Nizza-Vertrages von 2000, gestoppt durch die eindeutig verweigerte Zustimmung in Frankreich und den Niederlanden. Die dadurch notwendig gewordenen Kompromisse (evtl. weitere im Hinblick auf eine zweite Abstimmung in Irland) haben den jetzt in den Ratifizierungsverfahren befindlichen Verfassungsvertrag für Europa in vielen Einzelheiten anschwellen lassen und wohl auch ein Umdenken ausgelöst: eher ein Zurück zu den wohlbegründeten Prinzipien von Verfassungsrang als ein weiteres Vorpreschen mit improvisierten, von Modetendenzen ausgelösten Neuerungen. In dem neuerdings (Juni 2008) entschieden erklärten »Nein« der zur Abstimmung gerufenen Iren darf man sehr wohl Vorbehalte gegenüber vordringenden Tendenzen sehen, die geistigen Grundlagen des christlich (und damit auch jüdisch) bestimmten Europas leichtfertig aufzugeben.

So wäre auch eine vom EuGH getroffene kirchenfeindliche Interpretation des Europarechts von deutschen Gerichten zwar zur Kenntnis zu nehmen und der Rechtsprechung im

---

48 *Adomeit/Mohr* a.a.O. Einl. Rn. 276; vgl. auch *Clemens Höpfner*, Die systemkonforme Auslegung – Zur Auflösung einfachgesetzlicher, verfassungsrechtlicher und europarechtlicher Widersprüche, 2008.

konkreten Fall zugrunde zu legen, aber nur, »soweit die Anwendung nicht gegen höherrangiges Recht, insbesondere gegen Verfassungsrecht verstößt«[49]. Es wäre paradox, wenn wir, um uns der Geltung des Europarechts erfreuen zu dürfen, deshalb von essentiellen Bestandteilen unserer Verfassung verabschieden müssten. Uns ist oft genug ein »Verfassungspatriotismus«[50] als einzig politische korrekte Form von heutiger Vaterlandsliebe empfohlen worden, und dies würde man gern im vollen Sinn des Wortes ernst nehmen.

49 BVerfG vom 5.4.2005, NJW 2005, 1765 (Sorgerechtsübertragung an einen unehelichen Vater).

50 Vgl. den Philosophen *Habermas*, Faktizität und Geltung, 1992 S. 632 ff.

IV. Schlussbetrachtung

Es kann nicht Zweck, nicht einmal Nebenfolge des Europarechts und seiner Einwirkung auf das deutsche Recht sein, die Rechtsstellung der Religionsgemeinschaften zu schmälern. Dies ist für die christlichen Kirchen in ausführlicher Begründung im wissenschaftlichen Gutachten von *Thüsing* dargelegt worden. Für die jüdischen Gemeinden gilt die gesamte Argumentation im verstärkten Maße: Sie sehen sich erklärten Feinden gegenüber, müssen das Recht auf Selbstverteidigung und Selbsthilfe in Anspruch nehmen, haben Anspruch auf Schutz der sie umgebenden christlichen/nicht-christlichen staatlichen Gemeinschaft nach geltendem, verfassungsrechtlich anerkannten Staatskirchenrecht. Auch das Europarecht, auf seinen verfassungsrechtlichen Kern gebracht, erkennt solch eine Selbstbestimmung der Religionsgemeinschaften an. Daraus folgt für diese Gemeinschaften ihr Selbstverwaltungsrecht, ihr Recht auch auf Bevorzugung der Angehörigen der eigenen Glaubensgemeinschaft bei der Besetzung von Arbeitsplätzen. Ein Anspruch auf volle Achtung dieses Rechts und auf strikte Nicht-Intervention muss von der Bundesrepublik Deutschland mit allen ihren Bürgern und Bürgerinnen anerkannt werden.

51 *Thüsing*, Das kirchliche Selbstbestimmungsrecht als Legitimation zur Unterscheidung nach der Religion – zum Spannungsverhältnis von kirchlicher Dienstgemeinschaft, verfassungsrechtlicher Autonomie und europäischem Diskriminierungsrecht, 2008.